RAVIGNAN

Carey, del et so.   Imp. de Mangeon, 69, r. St Jacq. Paris.

·RAVIGNAN

Publié par G.HAVARD.

LES CONTEMPORAINS

RAVIGNAN

PAR

EUGÈNE DE MIRECOURT

PARIS — 1858

CHEZ L'AUTEUR
48, rue des Marais Saint-Martin

Et chez tous les Libraires de France
et de l'Étranger

CHRONIQUE DES CONTEMPORAINS.

———

Depuis environ dix mois, chers lecteurs, un journal était devenu le frère de ces petits volumes. Il s'appelait comme eux; il avait pris en main leur défense, et voici que ce pauvre journal est mort.

Qui l'a tué? demanderez-vous.

Un de ces matins nous vous racon-
terons l'histoire du meurtre.

En attendant, voici un détail judi-
ciaire, que l'appel formé par nous en
Cour impériale autorise, et qu'il faut
communiquer aux journalistes, exposés
comme nous à se tromper et à s'ima-
giner qu'ils marchent sur la route du
sens commun, quand il suivent (le
Tribunal de première instance l'af-
firme) un chemin diamétralement op-
posé.

Jusqu'ici, sachant que les magis-
trats sont institués pour appliquer la
loi, nous avions cru qu'ils devaient,
en matière de presse par exemple,
prononcer dans un jugement *définitif*
la suppression d'un journal, pour que
ce journal cessât de paraître.

Erreur !

Nous étions dans le faux absolu.

Le journal doit se supprimer de
lui-même, sans le secours des juges,
sans avertissement préalable, sans

mise en demeure, sans l'ombre de
sommation du Parquet, sous peine
de CINQ CENTS FRANCS D'AMENDE par
chaque numéro qui osera montrer son
titre à la fenêtre de la publicité¹.

Cette législation ne manque pas
d'un certain charme, et l'on va très-
incessamment l'appliquer sur une
vaste échelle.

1. Pourtant le *Siècle* qui, d'après un système analogue, se trouvait à son troisième *avertissement* sus-
pendu *de droit*, n'a pas jugé convenable de se suspendre de son propre chef. L'honnête journal existe
toujours. Grand bien lui fasse, et à la morale aussi!

Tout voleur qui aura crocheté une serrure sera tenu de s'empoigner lui-même et de se conduire au bagne.

Tout assassin devra se servir également de gendarme à lui-même, se mettre les menottes, dresser l'échafaud dans le plus bref délai, et se guillotiner en personne, sous peine de cinq cents francs d'amende par chaque jour de retard.

On simplifiera singulièrement ainsi les procédures civiles et criminelles.

Vous savez, chers lecteurs, que le

journal qui n'est plus avait constam-
ment pris la défense de la religion,
de la morale et de l'ordre. Il était
lancé, par malheur, comme ces petits livres, dans la voie biographique ,
en conséquence il a dû plus d'une fois
écrire des noms propres sous une
page de blâme énergique.

Sa ruine et celle de son rédacteur
en chef viennent de là.

Mais notre conscience est parfaite-
ment calme, et nous ne croyons avoir
dépassé ni les droits de l'écrivain ni

les limites d'une juste défense sociale,
en arrachant le masque des ambi-
tieux, des hommes vendus, des faux
apôtres et du Million.

Voilà qui est dit.

Nous vous avons promis *cent volumes;* nous tiendrons parole.

Dieu nous a rendu la santé, nous
l'en remercions du plus profond de
notre âme. Peu nous importe la pri-
son, peu nous importe la souffrance,
dès que le travail est possible.

Nous ne sommes ni abattu, ni découragé. Si le présent est contre nous, toutes nos espérances prennent leur vol du côté de l'avenir.

EUGÈNE DE MIRECOURT.

Sainte-Pélagie, 25 novembre 1857.

RAVIGNAN.

Le saint prédicateur que nous allons
peindre vit dans la retraite sous le regard
de Dieu.

Il ne s'est révélé aux hommes que par
son éloquence, descendue sur eux du haut

de la chaire chrétienne, et cette notice
aura principalement pour objet l'étude de
son talent comme orateur sacré.

Xavier Delacroix de Ravignan vint au
monde à Bayonne en 1793.

Jamais il n'a reçu au baptême les pré-
noms de Jules-Adrien, comme l'affirment
certaines biographies peu exactes, qui ont
également le tort d'indiquer Paris comme
sa ville natale, ou de le faire naître dans
les environs de Bordeaux.

Sa famille appartenait à la petite no-
blesse de province.

Le jeune Xavier fut élevé dans l'amour
de Dieu et des bonnes œuvres par une mère

éminemment chrétienne. Il a plusieurs
frères et sœurs qui occupent avec plus ou
moins d'éclat diverses positions dans le
monde.

Une de ses sœurs avait épousé le général comte Excelmans.

Xavier fit une partie de ses études au
collége Bourbon et suivit ensuite les cours
de droit.

Admis au stage, il s'occupa sérieusement
de la procédure, sans négliger toutefois les
autres branches de la législation, comme
lui en avaient donné l'exemple Joly de
Fleury et d'Aguesseau, les grands juris-
consultes.

...Inscrit au tableau de la Cour royale de
Paris, il plaida quelque temps avec succès;
puis on le nomma conseiller auditeur à
l'âge de vingt-trois ans.

Cette nomination ne surprit personne;
elle était justifiée par le mérite extraordinaire du jeune avocat.

Réfléchi, studieux, pénétrant, spirituel
et d'une simplicité noble et douce, dit le
solitaire biographe du clergé, sa précocité,
plus réelle que bruyante, n'avait pas étour-
di ses contemporains, mais les avait péné-
trés et persuadés.

Il est facile de comprendre où M. de Ravignan puisait cette grâce merveilleuse qui,

en le faisant aimer du ciel et des hommes,
l'élevait au-dessus des passions : il remplis-
sait scrupuleusement tous ses devoirs de
chrétien.

L'Évangile est aussi un admirable ma-
nuel à l'usage des gens du monde.

Celui qui a bien prié ne s'irrite point.
Il ne médite pas l'injustice dans son cœur,
il ne blesse personne. L'obéissance lui suffit pour sa gloire et ses intérêts. Sa conscience est le trône où il aspire; son salut
éternel est la fortune qu'il a rêvée.

Les sentiments de parfait chrétien de
Xavier de-Ravignan ne l'empêchaient pas
de voir le monde.

2

Il y brillait par l'exquise politesse de ses manières et par sa conversation, à laquelle on trouvait beaucoup de charme, bien qu'elle fût toujours grave et pleine de réserve.

Sept ans après son entrée dans la magistrature, le 1ᵉʳ août 1824, il fut nommé substitut du procureur du roi près le Tribunal de la Seine.

M. le président Séguier dit alors :

— Laissez-le venir, mon fauteuil lui tend les bras !

Xavier de Ravignan remplit sa nouvelle charge avec beaucoup de distinction, jus-

qu'au jour où il crut devoir l'abandonner
pour se consacrer exclusivement à Dieu.

Il écrivit alors au procureur général Bellart, lui annonçant qu'il donnait sa démis-
sion de substitut et qu'il allait entrer au
séminaire.

M. Bellart lui répondit :

« Si je n'étais pas comme vous dé-
trompé de toutes les affections humaines,
mon cher Ravignan, je regretterais pour le
monde et pour moi un bon et aimable
jeune homme, qui promettait de rendre
des services distingués à son pays et d'être
l'ornement de la magistrature.

« Tout en étant donc fort enclin à vous
applaudir par mes dispositions personnelles
et par le dégoût que me donne le spectacle
de démence et de perversité auquel j'as-
siste, je crois devoir m'élever au-dessus
de cette espèce d'égoïsme qui me fait en-
vier plutôt que désapprouver votre résolution, pour vous inviter cependant à la
méditer de nouveau.

« Elle est grave; elle va vous imposer des
devoirs très-austères, beaucoup de priva-
tions surhumaines, auxquelles il faut que
vous soyez bien sûr de vous ployer aujour-
d'hui, demain, des années, à jamais, votre
vie entière, sans murmure et surtout sans
regrets.

« Quant à vous-même, si vous êtes bien

assuré de votre persistance, je vous crois
heureux de sortir de ce théâtre tumul-
tueux, où j'éprouve trop souvent le mortel
ennui de vivre pour ne pas apprécier à
toute sa valeur cette douce paix de l'âme,
dont doit jouir celui qui est assez favorisé
de Dieu pour vivre loin de ce jeu effréné
de passions, de crimes et de folies, qui ne
se sont jamais produits plus à découvert,
je crois, sur la scène du monde.

« Mais n'y a-t-il pas un peu d'égoïsme
aussi dans une résolution pareille?

« Vous vous serez fait votre part des
avantages de la société humaine, en con-
quérant une position fortunée où vous
échapperez à tous les dangers du siècle,
mais l'avez-vous faite aux autres? Êtes-

vous bien sûr de ne pas sacrifier quelques
devoirs à votre goût ?

« J'honore assurément du fond de mon
cœur ces héros de la religion qui se dé-
vouent à cette vie de perfection et de sacri-
fices, dans laquelle, quand ils n'y portent
que les vues divines et que la charité, il y
a tant de bien à faire à soi-même et aux
autres.

« Mais il faut obtenir des grâces du
Tout-Puissant d'être un héros véritable ;
car, si on retombe, on redevient homme,
on devient moins qu'un homme. Ma tendre
et sincère amitié pour vous, mon cher Ravignan, m'a suggéré une réflexion. Il peut
bien se faire que, parce que je n'étais pas
digne de tenter de si grands efforts, ils ef-

frayent trop, pour vous qui êtes plus que
courageux, mon imagination, et mon esprit. Mais mon affection paternelle vous
devait cet acte de franchise. Je ne combats
point votre projet; je vous engage seulement à le bien mûrir. L'engagement n'est
pas pris encore; s'il l'est jamais, je ne
saurai plus que vous y affermir et que
former le vœu que, dans ce nouvel état,
vous fassiez autant de bien que vous pou-
viez en faire dans celui que vous quittez.

« Je vous embrasse,

« BELLART. »

Cette lettre aussi touchante qu'amicale
émut profondément Xavier.

Mais il persista dans son pieux dessein et entra au séminaire de Saint-Sulpice.

On conçoit qu'un semblable néophyte, un homme du monde, renonçant à une haute position sociale pour l'humble solitude qui prépare au sacerdoce, devait être, dans cette maison, l'objet d'une curiosité générale et d'une admiration parfois indiscrète.

Est-ce à l'importunité bienveillante de ses jeunes condisciples qu'il faut attribuer le court séjour de M. de Ravignan dans ce séminaire, ou bien, comme on l'a dit, trouvait-il incomplète la méthode théologique des Sulpiciens ?

Il s'expliquait difficilement leurs varia-
tions sur certaines matières plus ou moins
libres de foi ; il ne partageait pas leur
façon de voir sur l'opportunité de certaines pratiques, et aurait voulu chez eux
plus d'ouverture, plus d'intrépidité, moins
de sens politique peut-être, moins d'esprit
d'animosité, moins d'irritations puériles,
moins d'habileté à couvrir leurs faiblesses
du voile d'or de l'intention.

L'écrivain que nous avons déjà cité, dit
à ce sujet :

M. de Ravignan ne pensait pas qu'on pût
devenir un grand théologien en parcou-
rant les cuisines et les corridors d'un séminaire du matin jusqu'au soir. Il lisait un

peu moins que d'autres *la Gazette de France*
et les recueils de calembourgs; mais, en
compensation, il feuilletait journellement
la somme de saint Thomas, Isaïe, saint
Paul et saint Augustin.

Dévoré d'une soif inextinguible de sa-
voir, on l'entendit plus d'une fois déplorer
que la vie de l'homme fût trop courte pour
embrasser l'arbre encyclopédique des con-
naissances humaines. Il lisait les vieux au-
teurs et compulsait en même temps la
théologie païenne et l'histoire des hérésies,
le tout la plume à la main, suivant son pro-
cédé ordinaire de travail.

M. de Ravignan recueillait ainsi une

prodigieuse quantité de notes et amassait des trésors d'érudition.

Il reçut la tonsure et les ordres mineurs des mains de l'aumônier de Louis XVIII, M. de Frayssinous, qu'on venait de sacrer évêque.

Devinant la gloire future du studieux lévite, le prélat lui dit devant tout le sé-minaire assemblé :

— Mon plus vif désir est de vous avoir pour successeur dans l'œuvre des *Confé-rences.*

Bientôt M. de Ravignan se fit recevoir à

la maison professe des Jésuites, à Montrouge.

Au moment de prononcer des vœux
irrévocables, dit le *Solitaire*, il se consi-
déra comme mort pour le monde, et ne
voulut pas que ce renoncement fût une
fiction. Il appela son notaire, et voici ce
qui se passa dans l'entrevue :

— Je veux, dit-il, partager tous mes
biens, sans réserve aucune, entre mes
héritiers naturels.

— Vous n'y pensez pas.

— J'y ai pensé.

— Pensez-y encore; je reviendrai dans
quinze jours.

— Dans quinze jours ma volonté sera là
même, répondit M. de Ravignan.

Cet intervalle écoulé, le notaire se re-
présenta.

— Eh bien, monsieur l'abbé?

— Eh bien, terminons!

Le contrat fut rédigé et signé; le partage
fut fait, et M. de Ravignan dit au notaire :

— Dieu merci, je n'ai plus rien; je suis
libre!

Il est inutile de recourir au commen-
taire en présence d'un acte d'abnégation
aussi héroïque. Les ennemis les plus achar-

nés de la foi religieuse n'ont rien à ré-
pondre, et de pareils exemples les écra-
sent.

Le frère de M. de Ravignan, chef d'es-
cadron dans la garde royale, eut la majeure
partie de sa fortune.

Presque aussitôt il quitta le service.

Dès le second mois de son noviciat dans
la maison de Montrouge, Xavier fut élu
admoniteur.

On appelle ainsi, aux termes du règle-
ment de la Compagnie de Jésus, un élève
préposé à l'inspection perpétuelle de la
conduite des autres.

L'ardeur de notre novice pour l'étude
était admirable.

Il y consacrait jusqu'aux heures desti-
nées au sommeil, approfondissant le
dogme, la morale, et méditant sans cesse
les Pères de l'Église.

Devenu jésuite-profès, il manifesta le
désir de se consacrer à la prédication ;
mais ses supérieurs jugèrent convenable
de le charger de l'enseignement de la théologie.

Sacrifiant ses goûts, M. de Ravignan se
courbait sans murmurer sous la loi de
l'obéissance, lorsque Dieu permit que sa
vocation première eût son cours.

M. de Quélen le désigna pour prêcher
à Notre-Dame les conférences du carême
de 1837.

Depuis trois ans, ces conférences avaient
été établies par l'archevêque.

Leur but essentiel était de procurer aux
hommes éclairés, et surtout à la jeunesse
des Écoles, des institutions spécialement
en rapport avec le besoin de *connaître* qui
distingue notre époque.

Ouvertes en premier lieu par le révérend
père Lacordaire, elles avaient attiré un
concours inouï de citoyens de toutes les
classes, preuve évidente que l'ignoble sé-
quelle voltairienne allait rentrer sous terre,

et que l'incrédulité systématique fatiguait
les esprits et les consciences.

L'ordre d'idées qui faisait le fond des
discours de l'illustre dominicain, le genre
de talent qui s'y révélait avec un éclat supérieur, sa parole incisive, son geste énergique et inimitable, tout lui avait attiré
d'universelles sympathies.

On craignait, malgré la confiance inspirée
par le talent du nouveau prédicateur, que
d'imprudents parallèles ne vinssent à s'é-
tablir.

Il n'en fut rien.

Au début de M. de Ravignan les craintes
cessèrent. Le talent de l'un ne perdit rien

3.

à être mis en comparaison avec celui de l'autre.

Nos deux orateurs conservèrent chacun leur mérite respectif.

Ce fut le 12 février 1837 que s'ouvrit la première conférence de M. l'abbé de Ravignan.

Il y examina :

1° Les éléments favorables au catholicisme que présente la société moderne.

2° Les éléments contraires qu'elle renferme.

Cette division posée, il traita chaque

point avec un talent remarquable et traça
l'histoire rapide des progrès du catholicisme, parallèlement au progrès des
sciences.

On se plut à reconnaître qu'il était, en
cette matière, aussi grand littérateur que
théologien profond.

Voici l'analyse succincte de son discours :

Il établit d'abord qu'après un demi-
siècle de moqueries, d'impiétés et de
dissolutions affreuses, le monde européen
se réveilla tout à coup, au XIXᵉ siècle,
avec un besoin de foi qui pressait tous les
esprits éclairés.

On répudiait la philosophie de l'a-
théisme.

Elle n'avait produit que des ruines.

Tous les cœurs revenaient à la religion catholique, et l'on n'insultait plus les vieilles croyances de nos pères.

Jusque-là si audacieuse dans ses assertions blasphématoires, la science parla dignement des faits divins. Sa voix impartiale attesta l'exactitude des récits de Moïse.

Après avoir tout nié, elle expliqua tout dans le sens de la Bible; elle trouva conforme à ses recherches et la fluidité primitive de la terre, et l'existence de la lumière, indépendamment des corps lumineux.

Le mouvement des arts s'empreignit
également d'une inspiration catholique.

Or, ces éléments heureux furent infir-
més, pour ainsi dire, par les éléments contraires:

Vainement on interroge le passé, rien
n'y offre une situation analogue à l'époque
présente. L'erreur, inévitable au dire de
l'apôtre, avait toujours eu des limites pré-
cises, un caractère net, qui la distinguait
de la vérité. Toujours on pouvait l'atta-
quer, la saisir, la confondre. Mais, dans ce
siècle, où est l'erreur saisissable?

On s'est fait rationaliste, éclectique, sen-
sualiste, mystique, panthéiste.

Puis on a tout approuvé, tout loué, afin
de tout conduire à une sorte d'*unité* fan-
tasque, à laquelle il eût mieux valu donner le nom de *nullité.*

Au-dessus de tous les systèmes surnage
cette vague indifférence, plaie quasi ingué-
rissable de notre époque. On s'est fait
chercheur avec elle; on s'est appelé *pèlerin
du doute,* à condition de rester indifférent
si l'on rencontre la vérité.

Cependant la foi catholique a constam-
ment dissipé ces nuées sombres.

Elle reste immuable et toujours la même,
tandis que l'erreur adopte mille formes diverses, bizarres, fugitives, comme celles
qui se jouent du regard de l'homme pen-
dant les orages.

M. de Quélen assistait à cette première conférence, dont le succès fut inouï.

Le vieil édifice voltairien trembla jusque dans sa base, et le *Constitutionnel*, l'un de ses organes les plus absurdes, le *Constitutionnel* qui, depuis trente ans, remplace le cœur et les idées par le ventre, fut effrayé de cet essor inattendu de l'esprit chrétien.

Il déclara du haut de sa première colonne, *ex cathedrâ*, qu'une armée de Jésuites était arrivée à Paris.

Pauvre vieux niais !

Dans sa deuxième conférence, à huit jours de là, M. de Ravignan développa

cette vérité : *Que le dogme du péché originel est l'unique fondement de la véritable
philosophie de l'histoire.*

Ce fut, dit-il, une magnifique et noble
inspiration du génie, quand, déployant
ses ailes puissantes, il se prit à remonter
aux causes des événements, à pénétrer, à
suivre, et en quelque sorte à saisir d'un
regard dominateur la pensée intime, ca-
chée, et néanmoins vitale, qui gouverne
le monde.

L'humanité, ainsi étudiée et comprise,
a pu fournir matière à ce que l'on a nommé la philosophie de l'histoire.

Ainsi ce torrent des âges, malgré le fra-
cas et l'impétuosité de son cours dévasta-

teur, a connu des limites et laissé des
traces de fécondité.

Mais, hors du catholicisme, il n'y a que
des systèmes trompeurs en fait d'histoire,
parce que le dernier mot de l'humanité
c'est le catholicisme.

Sans la foi catholique, impossible de
rien comprendre à ce mystérieux univers.

Aussi a-t-on remarqué, à toutes les
époques, les égarements les plus bizarres,
lorsqu'on a cherché, hors du dogme du
péché originel, l'explication des grandes
misères de l'humanité.

Bossuet est venu.

De son regard d'aigle plongeant sur
cette immense chaîne des générations,
dont nous ne sommes que les impercep-
tibles anneaux, il a vu se développer à
grands traits la pensée divine, laquelle, de
toute éternité, avait préparé le remède infaillible pour la réhabilitation de sa créa-
ture déchue.

Le bouleversement et la chute des empires, la formation de nouvelles cités, les
succès des conquérants des nations, les
crimes de la tyrannie, les fureurs popu-
laires, tout, dans sa conception sublime,
vient concourir, selon le conseil divin, à
l'arrivée du Sauveur, Jésus-Christ.

Voilà le modèle de philosophie de l'histoire qu'il faut lire et méditer toujours.

Bossuet n'a pas eu d'égal et n'en aura jamais.

Le premier fait incontestable c'est la croyance primitive de la grande catastrophe de la chute originelle, événement dont les conséquences terribles ont établi une lutte incessante dans la nature de l'homme, duel acharné que se livrent chez les générations humaines les deux principes qui s'y perpétuent, celui du mal introduit par l'homme rebelle et coupable, celui du bien ou de la réparation qui a Dieu pour organe.

De là sont venus tous les maux qui pèsent sur le monde.

De là également sont venues les erreurs

les plus étranges, le dualisme inventé ou
recueilli par Manès, ou, plus anciennne-
ment, le polythéisme, qui commença par
le culte de la force, et qui vint aboutir à
la divinisation de la plus honteuse et la
plus entraînante des passions, la volupté.

Nous savons comment les poëtes ont
embelli ces grossières erreurs ; mais toute
la pompe de leur langage n'a pu cacher les
dissolutions d'un culte qui faisait l'apo-
théose de tout ce qu'il y a d'infamant.

Voilà où en était venue l'humanité.

Mais, vous dit-on dans les livres et dans
les chaires modernes, en termes pompeux
qui semblent avoir peur d'un sens, la
philosophie qui a sondé l'histoire a trouvé

le secret qui constate le progrès de l'esprit
humain. Ce culte grossier, que vous venez
de dépeindre, n'était pas le fond de la
croyance proprement dite. Le stupide vulgaire adorait peut-être la pierre et le bois;
mais la pierre et le bois n'étaient que des
symboles d'une pensée véritablement
grande et élevée.

« Ah! je comprends! continue l'orateur : on veut dire que le polythéisme était
une religion digne de l'homme et pleine
de morale. Seulement ses symboles mystérieux exigeaient quelque philosophie
pour les démêler.

« Voilà, messieurs, où l'on vous mène!

« On veut ressusciter le paganisme

chrétien du premier Jamblique et de l'é-
cole d'Alexandrie; on réhabilite l'antiquité
païenne et ses excès.

« Apparemment on aura des faits pour
appuyer cette entreprise?

« Non; mais on aura des systèmes,
des aperçus. On nous présentera une poi-
gnée de philosophes, dont les mœurs au
moins problématiques donnent un démenti
à la croyance qu'on veut bien leur attribuer.

« Sans doute le symbolisme a été dans
la pensée de quelques-uns de ces sages de
la Grèce, qui étaient allés s'entendre avec
ceux de l'Egypte sur des secrets, que les
uns et les autres tenaient cachés au vulgaire...

« Pourtant, ce vulgaire aurait eu besoin de connaître la vérité.

« Il y aurait eu sagesse, en effet, à instruire, à réformer cette multitude livrée aux croyances et aux mœurs les plus dégradées. Mais non, la philosophie gardait pour elle ces notions privilégiées, et loin de corriger les peuples, elle sacrifiait comme eux aux divinités dont on nous dit qu'elle avait mépris.

« Où était donc le progrès humanitaire! Il faut avouer qu'il y a d'étranges progrès! »

Au nombre des auditeurs de M. de Ravignan, à cette seconde conférence, on remarquait les évêques de Nancy et de Ca-

-rysto, l'internonce du pape, MM. de Chateaubriand et Berryer.

La conférence du 26 fut employée à
faire l'histoire de la vérité, depuis les ré-
vélations primitives jusqu'à Jésus-Christ,
et l'orateur prouva que la vérité s'était con-
servée :

1º Par la religion primitive.

2º Par la théorie mosaïque.

3º Par la succession du ministère pro-
phétique.

On peut se rappeler encore l'impression
saisissante produite sur l'auditoire, quand

M. de Ravignan prononça les paroles qui vont suivre :

« Visiblement destinée de Dieu à l'exécution de ses grands desseins sur son église, la domination romaine était le degré préparé d'en haut pour asseoir le catholicisme et marquer sa place ici-bas.

« Tous les grands empires sont tombés les uns sur les autres. Un seul reste.

« La terre est dans l'attente d'un événement extraordinaire. Auguste est seul maître de Rome. Il a fermé le temple de Janus ; l'univers vit en paix sous sa puissance.

« Jésus-Christ vient au monde.

4

« Alors se présente à nous l'événement
le plus étrange, le plus universel, le plus
grand de toutes les annales du genre humain ; la révolution la plus étonnante et la
plus entière qui se soit opérée dans l'intelligence humaine, l'établissement du christianisme. »

La conférence du 5 mars montra les
luttes et le triomphe de la vérité contre
l'erreur, au berceau de la foi chrétienne.

Jamais on ne vit à Notre-Dame pareille
affluence ; elle dépassait de beaucoup la
portée de la voix. L'immense nef du milieu,
les bas côtés, tout était comble, et le banc
d'œuvre lui-même se trouvait envahi.

Plusieurs évêques, entre autres Monsieur de Méaux, y trouvèrent place à grand peine.

Cette fois, l'abbé de Ravignan s'était surpassé.

La lutte de l'erreur, représentée par le sophisme et l'hérésie arienne, contre la vérité, défendue par le témoignage des martyrs et par l'autorité de l'épiscopat, fournit à son éloquence de splendides développements.

Jamais thèse ne fut soutenue d'une façon plus triomphante.

Il s'écria dans la conférence du 12 mars, à propos du panthéisme.

« L'homme, sa vie, son essence, son corps; tous les hommes, tout les êtres, le monde entier, si l'on en croit ces philosophes, c'est Dieu.

« Dieu est un, Dieu est tout, tout est Dieu.

« Pour les uns, c'est le *moi*; pour les autres c'est le grand *tout*. Pour ceux-ci, la matière; pour ceux-là, l'esprit.

« Adieu raison, foi, morale, liberté, individualité humaine, évidence! Il n'y a plus que leur Dieu, un Dieu chaos, un Dieu tout, un affreux dédale, une abominable et profonde nuit, un horrible rêve, où toutes les passions et toutes les illusions se livrent le combat du délire.

« Voilà le panthéisme.

« Eh bien, rêvez encore... Nous, Messieurs, nous croyons ! »

Un frémissement courut d'un bout de la basilique à l'autre, et l'orateur fut obligé d'arrêter par un geste les signes trop expansifs d'une admiration, qui, dans le lieu saint, doit toujours se taire.

Cette foule enthousiaste allait applaudir comme au théâtre.

M. de Ravignan, le dimanche d'ensuite, dépeignit la lutte de l'Islamisme et de la Réforme. Il traça un portrait de Luther et

un autre de Mahomet qui rappellent la
touche de Tacite.

« Laissant de côté le schisme déplorable
de l'orgueilleuse Byzance, éteint, repris
sans cesse, jusqu'à ce qu'un châtiment
terrible vînt s'appesantir sur ces terres de
la séparation et les charger d'un joug bien
autrement pesant que la suprématie paternelle de Rome, — deux ennemis nouveaux, deux ennemis redoutables, deux
géants d'erreur se sont levés, arrêtés,
brisés dans leur course.

« Ils se sont survécu à eux-mêmes pour
disputer encore au catholicisme l'empire
de l'un et de l'autre monde.

« Mahomet et Luther sont leurs noms.

« Si je mets en parallèle ces deux hommes
trop fameux, si je rapproche un moment leur pensée et les maux qu'elle causa,
dans l'Europe chrétienne, à Dieu ne plaise,
que je veuille irriter aucune susceptibilité.
Un tel dessein est loin du désir et du vœu
le plus cher de mon cœur. Je sais tout ce
que je dois d'égards et de regrets à ceux
que le malheur de la naissance place et re-
tient le plus souvent dans l'erreur. Prêtre
de Jésus (vous m'en croirez) et formé à
l'école de sa charité, jamais je ne verrai
que des frères dans les hommes, quels
qu'ils puissent être, quelque égarés et sé-
parés qu'ils soient.

« Mahomet et Luther avaient reçu tous
deux de la nature une énergie et une force
d'esprit peu communes, et cette éloquence

des passions qui fait agir puissamment
sur les multitudes. Tous deux eurent la
même obstination dans leurs desseins et la
même violence dans leurs désirs. »

Nous ne croyons pas que le lecteur
puisse se fatiguer de semblables citations.

Tous ces extraits des discours de M. de
Ravignan sont puisés aux bonnes sources.
Ils contiennent, avec le talent de l'orateur,
son caractère élevé, son âme généreuse,
son intelligence sublime.

Le catholicisme est un fait accompli,
telle fut la thèse qu'il développa dans la
septième et dernière conférence de 1837,

comme résumé, comme conclusion de son enseignement.

« J'appelle fait accompli, dit-il, celui qui, préparé et amené par les lois de la Providence, se réalise d'une manière stable, et passe, pour y vivre et y demeurer, dans les institutions et les mœurs des peuples.

« Tel est assurément le catholicisme.

« De jeunes âmes à l'essor généreux, dévoyées par l'inconsidération et l'enthousiasme, par les passions aussi; des esprits ardents singulièrement abusés et déçus [1] ont cru qu'il y avait transition, travail

---

[1] Phrase à l'adresse de M. de Lamennais.

générateur chez les peuples, pressenti-
ment, attente, préparation prochaine d'un
christianisme futur, sans songer que ce
sont là de ténébreux attentats contre l'œuvre et la vérité divines, des rêves coupa-
bles d'imaginations malades et tombées. »

Le père Ravignan termina ce dernier
discours par une péroraison touchante.

Quand il se tut, M. de Quélen se leva et
dit aux assistants :

— Pour successeur de celui auquel vous
accordez à juste titre tant de regrets,[1]
Dieu vous a donné ce saint prêtre, que je

1 Lacordaire.

nommerais mieux en l'appelant le moderne Chrysostôme, et dont le talent, malgré des dons différents, n'est ni moins majestueux, ni moins doux, ni moins sûr.

L'année suivante, l'illustre prédicateur
traita les points que nous allons présenter
par ordre.

De la notion de Dieu.

*L'action divine, ou la Providence et le
naturalisme.*

Le fatalisme.

La liberté.

Le lien religieux.

L'immortalité de l'âme.

*Des caractères de l'enseignement reli-
gieux.*

Nombre d'hommes politiques se pres-
saient pour entendre sa parole éloquente.

Hennequin, Guizot, Lamartine, Dupin,
de Flahaut, Roger, de Vatisménil, Caffarelli
et cinquante autres venaient régulièrement
s'asseoir au pied de la chaire.

L'abbé de Ravignan prêcha pour la troisième fois les conférences, en 1839.

Il retrouva son auditoire d'élite.

On a pu lire sur cette figure saintement
austère, dit un journaliste d'alors, que la
solitude, le silence et la prière de toute
une année n'ont fait qu'ajouter à son éloquence. L'énergie de l'orateur, qui sem-
blait avoir atteint ses dernières limites,
croît et redouble avec la masse d'auditeurs
qui se presse et s'étend toujours.

Voici les matières diverses que traita le
saint prêtre :

Les préjugés illégitimes.

*Le préjugé sceptique ou le doute et le pré-
jugé du fait humain.*

La possession historique du droit divin.

Le christianisme historique.

— J'appelle ainsi, dit-il, le christianisme de la foi, le christianisme catholique. C'est le type, le caractère vrai, ineffaçable et invincible de la religion de Jésus-Christ d'être historique; c'est ce qu'on a cru dans tous les temps, c'est le christianisme des faits; c'est le mot qui répond à tout, à vos maladies, à vos besoins, à l'immense besoin de la société moderne.

Ouvrant, à ces mots, un livre de M. Émery, il lut à l'appui de ses raisonnements une lettre de Leibnitz à Arnauld.

Parmi les autres points traités, cette

année là, par le père Ravignan, citons
encore :

Le miracle historique.

Le caractère de Jésus-Christ.

*Développements de la doctrine de Jésus-
Christ.*

Ce discours fut son triomphe.

Il y fit preuve d'une puissance de dia-
lectique extrême, d'une profondeur inouïe
d'ascétisme et d'une onction qu'on ne lui
soupçonnait pas.

Eugène Briffaut, qui était allé l'entendre,
pour rendre compte de son talent d'orateur
dans le feuilleton du *Temps*, et dont les

idées n'étaient rien moins que catholiques,
sortit tout ému de Notre-Dame. Il s'écria
par bravade, et pour dissiper son trouble :

— Allons, celui-là est encore plus prêtre
que les autres!

Le même jour on entendit M. Scribe
murmurer entre ses dents :

— Voilà de quoi faire bâtir plus d'é-
glises que je n'ai fait de pièces!

Sur ce texte : *Prædicamus Christum
crucifixum, Dei virtutem et Dei sapien-
tiam,* l'abbé de Ravignan prononça un
discours pour les victimes du cataclysme
de la Martinique, et la vieille cathédrale

vit tomber littéralement une pluie d'au-
mônes.

C'était la conférence de clôture. Il la
termina par ces paroles :

— Messieurs, entre l'apôtre et ceux qu'il
évangélise des rapports touchants s'établis-
sent. Je ne vous quitte jamais sans une
émotion profonde, sans ressentir vivement
les liens puissants qui m'attachent à vos
âmes. Votre souvenir m'accompagne dans
la retraite.

En répondant au célèbre prédicateur,
l'archevêque rappela le mot de M. de Fon-
tanes, appliqué, en 1804, à M. de Frayssinous :

5

« C'est Bossuet en chaire. »

L'année suivante, M. de Quélen était mort, et l'abbé de Ravignan prononça, le 26 février, son oraison funèbre.

A midi précis, dit l'*Ami de la religion*[1], il montait dans cette même chaire, où, depuis des années, son éloquente et forte parole a remporté de si beaux triomphes au nom de Jésus-Christ, et sous les yeux du prélat vénéré dont il avait à retracer la vie et les exemples. Il n'a pas failli à ce que cette vie réclamait.

Notre prédicateur avait choisi pour texte : *O mors, bonum est judicium tuum*.

1. Numéro 3247.

Voici quels furent les autres sujets des conférences de 1840 :

Sur les droits de Dieu considérés en général.

Sur la lutte du bien et du mal qui ramène à Dieu.

Le christianisme seul est raisonnable.

L'efficacité de la foi.

Dans ce quatrième discours M. de Ravignan cita le mot de Mélanchton, cet hérétique surprenant qu'on a nommé le Fenélon du protestantisme et qui écrivait à Luther : « L'Ebre avec tous ses flots ne me fournirait pas assez de larmes pour pleurer les maux de la Réforme. »

Parmi les types les plus purs et les plus
sublimes du catholicisme, l'orateur choi-
sit, pour les présenter à son auditoire :

1° *La Vierge chrétienne.*

2° *Le pontife.*

3° *Le héros chrétien.*

Puis il termina par deux conférences
sur les *garanties de la foi* et sur la *raison
de l'Église*, à laquelle il appliqua victorieu-
sement cet axiome :

« Le pouvoir ne se trompe pas. »

En 1844, nous le voyons aborder un sujet brûlant, la *Papauté.*

Certes, en faisant la part de l'éternelle dispute gallicane et ultramontaine, il y avait là un écueil terrible.

Mais le talent du saint prêtre, sa haute raison, sa foi pleine d'héroïsme et d'ardeur emporte toujours son auditoire au-dessus des passions mesquines et des misérables questions d'amour-propre, que l'homme vient mêler à tout, même aux choses divines.

Ce discours dangereux fut son plus beau discours et lui attira d'unanimes éloges, même de la part de ceux dont il combattait les opinions.

M. de Ravignan prêche sur des matières

qui ont rapport au dogme ; par conséquent
il excite peu la critique des journaux.

Sa manière est plus posée; plus réflé-
chie que celle du père Lacordaire.

Il se tient beaucoup plus en garde que
le grand dominicain contre tout ce qui
pourrait donner à l'éloquence chrétienne
un caractère politique.

« Mon royaume n'est pas ce monde, » a
dit Jésus.

Laissez les grands de la terre et les am-
bitieux qui les entourent s'occuper d'un
trône qui s'élève ou d'un sceptre qui se
brise.

Rien de tout cela n'est du domaine de
la foi.

— J'aime mieux l'oraison dominicale,
dit le père Ravignan dans sa naïveté sublime.

L'extérieur du saint prêtre, si l'on peut
tirer de l'apparence physique une in-
duction morale, dénote une grande énergie de conviction. La faiblesse de son corps
a de la fermeté sans sécheresse; les traits
de son visage sont bien accentués; tout
dans cette noble tête accuse des facultés
remarquables.

L'aspect général présente les signes cer-
tains de la foi et de la ferveur.

M. de Ravignan ne parle pas avec éclat,
mais il parle bien.

Son mérite essentiel consiste dans une
argumentation simple, à laquelle cette
simplicité n'enlève ni la puissance ni la
verve. Sa logique est nette et lucide
comme les rayons d'une étoile.

Il s'appuie sur le dogme plus que sur la
morale et s'adresse plus à l'esprit qu'au
cœur.

On s'explique néanmoins le succès qu'il
obtient et l'impression produite sur son
auditoire.

Dans son débit, exempt d'emphase et de
néologisme, il y a une sorte de précision

limpide qui charme et séduit. On l'entend
fort bien, on le comprend mieux encore.
Il se fait écouter avec plaisir, il se fait ad-
mettre sans fatigue; mais le mouvement,
la véhémence, l'oraison enfin lui font
défaut.

M. Dupanloup instruit.

M. Combalot émeut.

Le père Ravignan combat.

Mais, on doit le dire, ce qui caractérise
avant tout le mérite de son éloquence, ce
n'est pas seulement l'ordre, la justesse, la
force des pensées et l'art de présenter les
faits dans leur logique invincible : c'est
une diction merveilleuse qui sait unir à

l'élégance la plus pure la plénitude de l'idée.

Nombre de compositions oratoires perdent presque tout en présence d'un examen sérieux.

Celles de M. de Ravignan, au contraire, gagneraient beaucoup à cet examen. Elles réclament, loin de le redouter, tout le loisir de la lecture et de la méditation.

Le célèbre jésuite a une physionomie méridionale marquée au cachet le plus énergique, une rude carnation d'une teinte sombre et animée, l'œil vif et flamboyant, et un large front en saillie, bombé outré mesure; signe majestueux et infaillible d'un génie supérieur.

Sa chevelure est épaisse, négligée, presque inculte. Il a dans son débit des gestes rapides, inattendus, saisissants.

Le timbre de sa voix est clair et ne manque pas de puissance.

On regrette seulement qu'il n'ait pu se débarrasser d'un accent gascon, naturel et tenace, qui afflige son admirable parole.

Aux conférences de Notre-Dame, les places du milieu sont réservées au sexe masculin, non pour établir une suprématie; mais pour indiquer que les discours de l'orateur s'adressent principalement aux intelligences, sinon les plus fortes, du moins les plus orgueilleuses.

remonte le Nil, va prendre dans la Haute-
Égypte l'un de ces deux énormes blocs de
pierre qui, depuis quarante siècles peut-
être, dormait sur la tombe d'un Pharaon,
descend le fleuve avec sa conquête, la
confie aux flots de la Méditerranée, tourne
par Gibraltar, longe les côtes d'Espagne et
celles de France ; puis, remontant la Seine
à son embouchure, comme il a remonté
le Nil, arrive le 23 décembre 1833, et
permet à M. Lebas, le célèbre ingénieur,
de dresser sur son piédestal ce monument
contemporain de Sésostris.

Le baron Taylor avait reçu cent mille
francs pour ses frais de représentation et
de voyage.

Il n'en dépensa que dix-sept mille et
rendit au trésor quatre-vingt-trois mille

Vers la même époque, l'auteur des *Martyrs*, toujours fort assidu aux conférences du carême, échappa comme par miracle à un triomphe populaire fort embarrassant pour sa modestie.

Au sortir de la cathédrale, plusieurs jeunes gens le reconnurent, et l'un d'eux cria :

— Vive Chateaubriand !

La foule aussitôt d'entourer notre grand homme et de l'acclamer sur tous les tons. Quelques héros déterminés de cette ovation imprévue se mirent en devoir de placer sur leurs épaules le chantre d'*Atala*.

Celui-ci ne savait à quel saint se vouer, quand tout à coup un cabriolet passe.

à M. Taylor une nouvelle et importante
mission.

La France n'avait un instant possédé,
sous l'empire, les toiles précieuses des Ri-
beira, des Velasquez et des Murillo, que
pour regretter plus vivement leur perte,
lorsqu'elle fut obligée de les rendre.

On chargea l'ancien compagnon de
voyage de don Jaim d'aller acheter tous
ces chefs-d'œuvre.

Il partit pour l'Espagne avec un million, et il sut, à force de recherches et
d'efforts, réunir, en tableaux, depuis les
maîtres du moyen âge jusqu'à Goya-y-Lu-
cientes, l'illustre auteur des *Capriccios* [1],
toute l'histoire de la peinture espagnole,

[1] Caricatures politiques pleines de raillerie originale
et de finesse.

— N'ayez pas peur, brave homme, n'ayez
pas peur! dit le cocher à Châteaubriand.
Si ces polissons-là vous touchent, je leur
casse les reins!

M. de Ravignan ne s'est pas rendu célèbre uniquement par ses discours.

De remarquables écrits sont dus à sa
plume, et l'on retrouve chez lui, comme
écrivain, toutes les qualités qui ont établi
la réputation du prédicateur, nous voulons
dire une logique incomparable: une douce
originalité, et une harmonie de style qui,
pour être un peu flottante, n'en a parfois
que plus de charme.

En 1846, il publia l'*Institut des Jésuites*
pour la défense de son ordre attaqué.

Nous le trouvons, à cette époque, au nombre des rédacteurs les plus infatigables de l'*Ami de la Religion*.

Dans la seule année 1849, ce journal a reçu de lui trois articles excellents sur les études ecclésiastiques. En voici un passage dont la hauteur de pensée mérite les plus grands éloges, et qui témoigne, en outre, chez M. de Ravignan, d'une science philologique véritablement extraordinaire.

Il s'agit de démontrer l'excellence de la langue grecque.

« Née sur un sol riant, dans un climat délicieux, sous un ciel toujours serein, elle apporta avec elle, dès son berceau,

tous les germes de la beauté, qui, à la fa-
veur de la musique, se développèrent avec
une rapidité si étonnante, qu'elle semble
être née comme Minerve.

« Sa première production fut un chef-
d'œuvre désespérant [1], sans qu'on ait jamais pu prouver qu'elle eût balbutié.

« Dès lors, cultivée par la main des écrivains les plus illustres, elle reçut de
chaque âge de nouveaux embellissements :
poètes, orateurs, historiens, philosophes
même, tous se disputèrent la gloire de la
parer de ce que l'art et le génie peuvent
donner d'éclat et de magnificence.

1. L'Iliade.

6

« Elle porte son harmonie naturelle à ce
comble de perfection qu'elle saisit et ravit
l'âme, soutient et fortifie même les pensées quand elles sont faibles, amuse encore l'oreille quand le cœur et l'esprit se
reposent, et qu'on est tenté de dire à
Homère. »

« — Chantez, chantez toujours! Dussiez-
vous ne rien dire, votre voix me charme,
quand vos discours ne m'occupent plus.

« L'harmonie délicieuse de la langue
grecque flatte d'autant plus l'oreille, l'esprit et le cœur, que sa clarté, sa précision
permettent d'en jouir davantage; car elle
a le don particulier de mettre sous nos
yeux, de nous faire toucher pour ainsi

dire l'essence des choses les plus abstraites
et les plus compliquées, de distinguer
même par l'harmonie imitative et inimitable de ses mots la nature des objets
qu'elle veut représenter. Elle ajoute encore à sa clarté par le privilége de l'inver-
sion qui lui permet de faire valoir toutes
les parties de la période; elle peut les cou-
per, les suspendre, les opposer, les ras-
rembler, attacher toujours l'oreille et l'i-
magination, sans que cette composition
artificielle laisse le moindre nuage, ni le
moindre doute sur le sens.

« Aussi prompte que fidèle à porter les
idées dans l'esprit, quelle force ne lui
donne pas sa concision !

« Elle offre à l'imagination un tableau

entier avec un ou deux mots souvent très-
harmonieux. Ainsi un seul lui suffit pour
exprimer cette phrase : *Ils répondirent
par une acclamation favorable à ce qu'ils
venaient d'entendre.* Elle peint d'un seul
trait *le casque qui jette des rayons de lumière de toutes parts, — le guerrier dont le
front est ombragé d'un panache de diverses
couleurs,* etc.

« Pour rendre les mêmes objets, les
autres langues emploieront plus de mots,
plus de temps; elles ne peindront pas la
nature avec la même vérité.

« La quantité d'expressions propres
qu'elle a pour un seul objet, l'abondance
inépuisable de ses composés, la variété

particulière de ses dialectes, tous exquis
dans leurs nuances, lui donnent une ri-
chesse si grande qu'elle en prête à toutes
les autres langues, sans en emprunter d'aucune, semblable à ces grands fleuves, qui,
assez riches de leur propre source, roulent
majestueusement leurs eaux, sans recevoir
le tribut des rivières, et fertilisent par
eux-mêmes les pays immenses qu'ils par-
courent. »

M. de Ravignan a fait aussi paraître dans
l'*Ami de la Religion* le compte rendu d'un
mémoire sur l'Immaculée Conception de
la très-sainte Vierge, par le révérend père
dom Prosper Guéranger, abbé de Solesmes;
puis deux articles sur la lettre de monsei-

gueur l'évêque d'Orléans à MM. les supérieurs, directeurs et professeurs de son
petit séminaire, « grand et important travail, dit-il, dans lequel le saint évêque s'est
proposé d'indiquer les moyens de soute-
nir, d'élever et de fortifier les études. »

On voit que notre illustre jésuite ne
partage pas les préventions de l'abbé
Gaume contre les littératures anciennes.

Sa raison est trop haute et son esprit
trop élevé pour prendre au sérieux les
ignorantes déclamations du *Ver rongeur*.

Lorsque M. Dupanloup publia son

grand ouvrage intitulé *De l'Éducation*, auquel la lettre pastorale, ci-dessus citée, sert d'avant-propos, le père Ravignan, dans un nouvel article, appuya encore avec plus de force sur l'importance qu'il y a pour les prêtres de faire de bonnes et sérieuses études classiques.

Cette déclaration dut beaucoup surprendre M. Louis Veuillot.

Nous avons dit qu'à ses débuts dans la vie M. de Ravignan aimait le monde, et y avait laissé de brillants souvenirs.

Supérieur de la maison de Bordeaux, mais habitant presque toujours Paris, grâce à une dispense spéciale, il n'affecte pas de fuir le théâtre de ses anciens succès.

Dans ce milieu mondain le révérend père apporte un esprit de saillie dégagé d'aigreur et toujours édifiant.

Un soir qu'il se trouvait dans un salon du noble faubourg, en compagnie d'un poëte nouvellement immortel, l'académicien de fraîche date laissa échapper devant lui une exclamation très-usitée, mais peu bienséante.

« Je veux, s'écria-t-il, que le diable m'emporte !...

« — Ah ! permettez, interrompit l'élo-
quent prédicateur avec un fin sourire,
permettez ! je vous ai retenu pour le
ciel. »

FIN.

Paris.— Typographie de Gaittet et Cie, r. Git-le-Cœur, 7.

D'abord les travaux d'embellissement amélioraient les fondations des hôpitaux, mais bientôt ils craignirent que ce dernier ... par une ...

conduite même, au fur que la commission ait à payer dans leur ...

On s'aliéra longtemps, enfin les habitants de pratiquent quelques irrégularités particulières de Colonel s'affaichaient à leur ...

en ordre prirent les armes. Les travaux étaient devenus ...

au ... les discipline et la force du corps de armée, mais le ...

prodigieuse supériorité du nombre composait beaucoup d'avantages. Quelque hommes, la relussent affaiblis et malades, composaient l'armée du Colonel. Cependant il ne le laisse point abattu, et vigilants répartissait leur ... vers des armées ...

général.

Bonaparte

LA VÉRITÉ POUR TOUS

JOURNAL CRITIQUE ET LITTÉRAIRE

BUREAUX A PARIS, RUE MONTMARTRE, 55

Le titre de ce nouveau Journal indique suffisamment quelles doivent être ses tendances, dans un siècle de mensonge, d'agiotage et de matérialisme.

Ses rédacteurs ne se nomment pas.

Ou ils tiennent à se laisser deviner, ou ils se croient trop peu célèbres pour attirer le public à l'amorce de leur nom.

QUI LIRA VERRA

Le Journal *LA VÉRITÉ POUR TOUS* paraîtra le jeudi de chaque semaine, et le premier numéro sera publié le jeudi 10 décembre 1857.

On s'abonne à Paris, rue Montmartre, 55.

Le Journal se vendra
Chez GUSTAVE HAVARD, LIBRAIRE, 15, rue Guénégaud, et boulevart Sébastopol (rive gauche).
Chez tous les MARCHANDS DE JOURNAUX de Paris.
Et chez
TOUS LES LIBRAIRES DE FRANCE ET DE L'ÉTRANGER.

Un Numéro — Trente centimes

PRIX DE L'ABONNEMENT:

POUR PARIS

Un an, **16 francs**. — Six mois, **9 francs**.
Trois mois, **5 francs**.

POUR LES DÉPARTEMENTS

Un an, **18 francs**. — Six mois, **10 francs**.
Trois mois, **6 francs**.

POUR L'ÉTRANGER

Le port en sus, selon les pays.

Envoyer, pour le prix de l'abonnement, une va-
eur sur Paris ou un mandat sur la poste à M. Viriot,
administrateur-gérant de la VÉRITÉ POUR TOUS;
rue Montmartre, 55. (*Affranchir.*)

NOTA. Les personnes qui ajouteront DEUX
FRANCS à leur abonnement et qui s'abonneront
pour un an, d'ici au 1er janvier prochain, re-
cevront franco, comme étrennes et comme témoignage de gratitude, le magnifique ouvrage
des *Confessions de Marion Delorme*, par
Eugène de Mirecourt, deux volumes de chacun 500 pages grand in-octavo, cotés DIX
FRANCS nets en librairie.

VIENT DE PARAITRE

HISTOIRE-MUSÉE

DE LA

RÉPUBLIQUE FRANÇAISE

DEPUIS

L'ASSEMBLÉE DES NOTABLES JUSQU'A L'EMPIRE

PAR

AUGUSTIN CHALLAMEL

ACCOMPAGNÉE

DES ESTAMPES, COSTUMES, MÉDAILLES,
CARICATURES, PORTRAITS, HISTORIÉS ET AUTOGRAPHES
LES PLUS REMARQUABLES DU TEMPS

Le succès qui a accueilli les deux premières
éditions de ce livre pourrait, à la rigueur, nous
dispenser d'entrer dans de nouvelles explica-
tions sur l'intérêt des matières qu'il traite et

sur l'importance des nombreux documents qu'il contient; mais il nous a semblé qu'il ne serait pas hors de propos aujourd'hui de dire quelques mots sur la pensée de l'auteur, sur le plan qu'il a suivi et sur les motifs qui doivent faire, à notre avis, désirer en ce moment une réimpression de cet ouvrage.

L'*Histoire-Musée de la République française* n'est pas, à proprement parler, une histoire de la République, c'est-à-dire un récit plus ou moins détaillé des événements publics groupés et appréciés suivant la passion politique, le système ou l'école philosophique de l'auteur; elle n'est pas non plus, comme on pourrait le penser, un simple recueil de documents, plutôt fait pour les écrivains que pour les lecteurs; elle tient à la fois de ces deux genres de livres; plus impartiale et moins solennelle que les narrations des historiens, en ce qu'elle se borne, la plupart du temps, à exposer les circonstances dans lesquelles se sont produits les lettres, les dessins, les emblèmes, les caricatures, dont elle retrace et conserve l'image exacte comme autant de

monuments des luttes des partis, elle est moins
sèche aussi et plus instructive qu'une simple
collection de pièces, parce que, en guidant le
lecteur par un récit rapide des faits qui relient
entre elles ces productions si diverses de l'esprit français pris sur le fait dans le moment
où la surexcitation des passions de parti lui
donne l'essor le plus énergique, elle met l'ob-
servateur intelligent à même d'en déduire des
enseignements utiles.

On pourrait dire que l'*Histoire-Musée de
la République française* est la chronique du
mouvement quotidien de l'esprit français pen-
dant la Révolution.

Quant à l'opportunité du moment choisi
pour cette réimpression, nul ne contestera
qu'elle ne saurait se produire plus à propos
que dans ces temps de calme si favorables à la
méditation, ces temps où les esprits sérieux
aiment à chercher dans l'étude impartiale du
passé la raison d'être du présent et la leçon
de l'avenir.

CONDITIONS DE LA SOUSCRIPTION

L'*Histoire-Musée de la République française*, par AUGUSTIN CHALLAMEL, formera deux volumes grand in-8 jésus.

350 gravures sur acier et sur bois, dessinées et gravées par les meilleurs artistes, illustreront cet ouvrage, qui sera publié en 72 livraisons à 25 cent., et en 12 séries brochées à 1 fr. 50 cent.

Chaque livraison contiendra invariablement 16 pages de texte, avec gravures, plus *deux gravures* sur acier ou sur bois, tirées à part, ou une gravure et un autographe.

Prix de la livraison, 25 centimes

LES PREMIÈRES LIVRAISONS SONT EN VENTE

ON SOUSCRIT A PARIS

CHEZ GUSTAVE HAVARD, LIBRAIRE-ÉDITEUR

RUE GUÉNÉGAUD, 15

Et chez tous les Libraires de la France et de l'Étranger.

Paris. — Typographie de Gaittet et Cie, r. Gît-le-Cœur, 7.

www.ingramcontent.com/pod-product-compliance
Lightning Source LLC
LaVergne TN
LVHW050647090426

835512LV00007B/1077